MISSION
DE PHÉNICIE

PLANCHES

MICHEL LÉVY FRÈRES

ÉDITEURS

PARIS, RUE VIVIENNE, N° 2 bis, ET BOULEVARD DES ITALIENS, N° 15

TOUS DROITS RÉSERVÉS

MISSION
DE PHÉNICIE

DIRIGÉE

PAR M. ERNEST RENAN

MEMBRE DE L'INSTITUT, PROFESSEUR AU COLLÈGE DE FRANCE

PLANCHES

EXÉCUTÉES

SOUS LA DIRECTION DE M. THOBOIS

ARCHITECTE

PARIS

IMPRIMERIE IMPÉRIALE

M DCCC LXIV

TABLE DES PLANCHES.

Planches.
- I. Carte des pays explorés par la Mission.
- II. Murs de Ruad.
- III. Travaux dans le roc, à Ruad.
- IV. Sculptures provenant de Ruad.
- V. Objets provenant d'Amrit, de Ruad, de Gébeil, de Saïda, d'Oum el-Awamid.
- VI. Murs de Tortose. Fragments d'architecture et de sculpture trouvés aux environs de Tortose.
- VII. Plan d'Amrit.
- VIII. Plan du *Maabed* et du cirque d'Amrit.
- IX. La *cella* de *Aïn el-Haydt*, à Amrit.
- X. Le *Maabed* d'Amrit. Grottes sépulcrales.
- XI. Les deux principaux *Méghazil* d'Amrit.
- XII. Les mêmes, sous un autre aspect.
- XIII. Restitution du plus grand des *Méghazil*.
- XIV. Le *Burdj el-Bezzâk* d'Amrit. Rocher taillé.
- XV. Intérieur du *Burdj el-Bezzâk*.
- XVI. Restitution du *Burdj el-Bezzâk*. Coupes de caveaux.
- XVII. Restitution du plus petit des *Méghazil* d'Amrit.
- XVIII. Intérieur du caveau dit *Pierre de la femme enceinte*, à Amrit ; coupes.
- XIX. Plan de Gébeil.
- XX. Fragments d'architecture et de sculpture trouvés à Gébeil. Sculpture trouvée à Haram errâs.
- XXI. Fragments et objets divers trouvés à Tortose, à Gébeil et à Saïda.
- XXII. Sculptures, inscriptions, autels, trouvés à Ruad, à Gébeil, à Sarba, à Saïda, à Oum el-Awamid.
- XXIII. Objets de verre, etc. trouvés à Tortose et à Gébeil.
- XXIV. Lampes et terres cuites de Tortose, de Gébeil, de Saïda, de Sour.
- XXV. Le château de Gébeil, la tour dite *des Lions*.
- XXVI. Caveau à Gébeil ; soupiraux taillés dans le roc.
- XXVII. Caveau dit *Mar Scherbel* ; travaux dans le roc, à Gébeil.
- XXVIII. Caverne architecturée ; travaux dans le roc, à Gébeil.
- XXIX. Caveau et grands sarcophages, à Gébeil.
- XXX. Autres caveaux, à Gébeil.
- XXXI. Sculpture sur le roc à Djapta. Βέτυλοι de Gharfin.
- XXXII. Sculptures phéniciennes provenant de Gébeil, Eddé, Gharfin, Maschnaka, Ornithopolis, Oum el-Awamid.
- XXXIII. Plans de Maschnaka et de Semar-Gébeil.
- XXXIV. Sculptures de Maschnaka.
- XXXV. État actuel et restitution du petit temple de Maschnaka.
- XXXVI. Travaux dans le roc à Semar-Gébeil.
- XXXVII. Fossés dans le roc du château de Semar-Gébeil.
- XXXVIII. Sculptures de Ghineh.

MISSION DE PHÉNICIE.

Planches.
XXXIX. Puits d'Aïn-Mahouz ; rocher taillé sur la côte de Gébeil à Djouni.
XL. L'enceinte sacrée d'Hébron.
XLI. Le chapiteau de la colonne monolithe sous la mosquée El-Aksa, à Jérusalem.
XLII. Caveaux, monuments funéraires, sculptures, de Saïda.
XLIII. Cippes et objets divers de Saïda, des environs de Saïda et d'Adloun.
XLIV. Caveau *Mekbédé*, dans les jardins de Saïda.
XLV. Portes de caveau, fragment de sarcophage, de Saïda.
XLVI. Caveaux de la nécropole de Saïda.
XLVII. Tombeau dit *Kabr-Hiram*.
XLVIII. Le même sous un autre aspect ; coupes ; nécropole avoisinante.
XLIX. La mosaïque trouvée près de *Kabr-Hiram*.
L. Masures d'Oum el-Awamid. Tombeau, *ibid*.
LI. Citerne, sphinx, lion, etc. d'Oum el-Awamid.
LII. Porte égypto-phénicienne d'Oum el-Awamid.
LIII. Parties d'architecture grecque, fauteuil votif d'Oum el-Awamid.
LIV. Murs, cuve dans le roc, à Oum el-Awamid.
LV. Chapiteau ionique, uræus, lion, d'Oum el-Awamid.
LVI. Restitution d'un des sphinx d'Oum el-Awamid.
LVII. Fragment de sphinx et de gnomon, d'Oum el-Awamid. Bas-relief de Schalaboum. Tombeau de Kneifedh.
LVIII. Inscriptions phéniciennes d'Oum el-Awamid.
LIX. Couvercles des sarcophages anthropoïdes de Saïda.
LX. Autres sarcophages anthropoïdes ; sarcophage en plomb, de Saïda ; sculpture sépulcrale d'Oum el-Awamid ; fragment de sarcophage de Sarepta.
LXI. Sarcophages tirés de la nécropole de Saïda.
LXII. Plan de la nécropole de Saïda.
LXIII. Coupes de caveaux de la nécropole de Saïda.
LXIV. Coupes d'autres caveaux de la même nécropole.
LXV. *Moghâret el-Magdoura*, *Moghâret Aïn ez-Zeitoun*, *Saygidet el-Mantara*, près de Saïda.
LXVI. Plan des environs de Saïda.
LXVII. Plan de la ville de Saïda.
LXVIII. Le port, les rochers taillés, l'îlot de Saïda.
LXIX. Plan de Sour.
LXX. Inscriptions hébraïques de Kefr Bereim, Jisch, Safed, Nabartein.

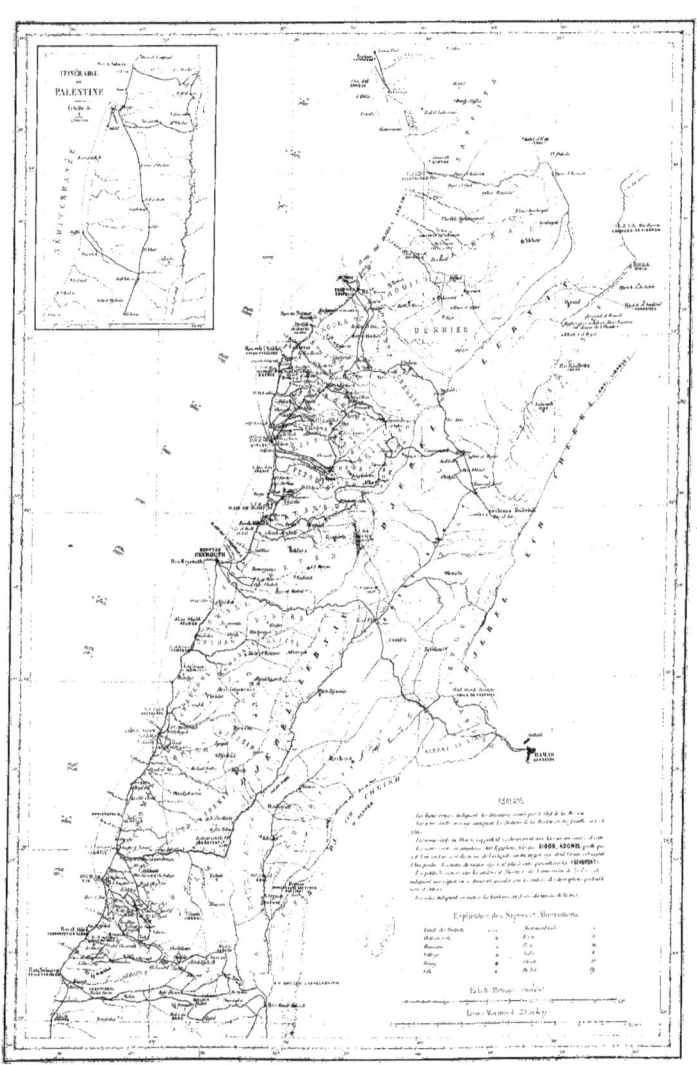

RUAD

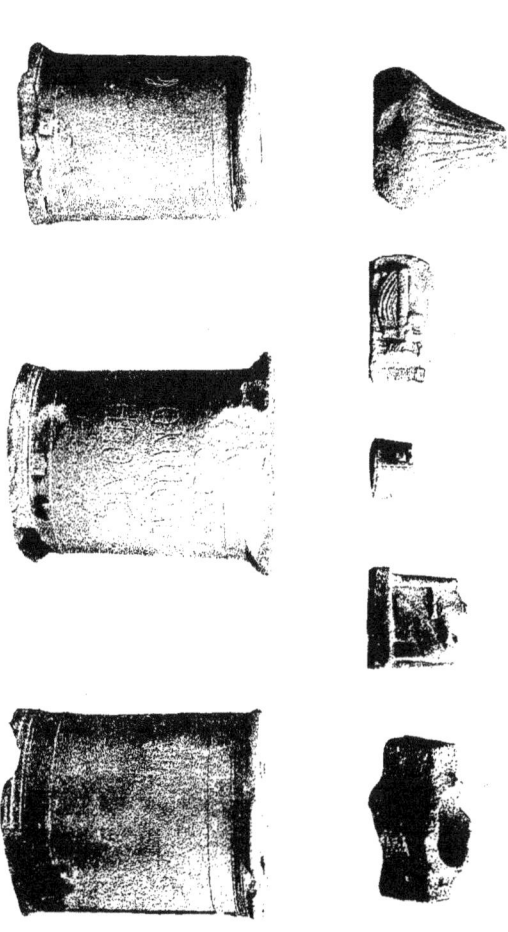

 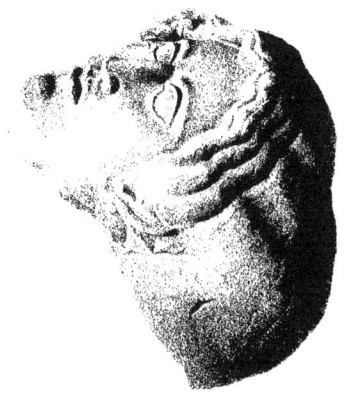 

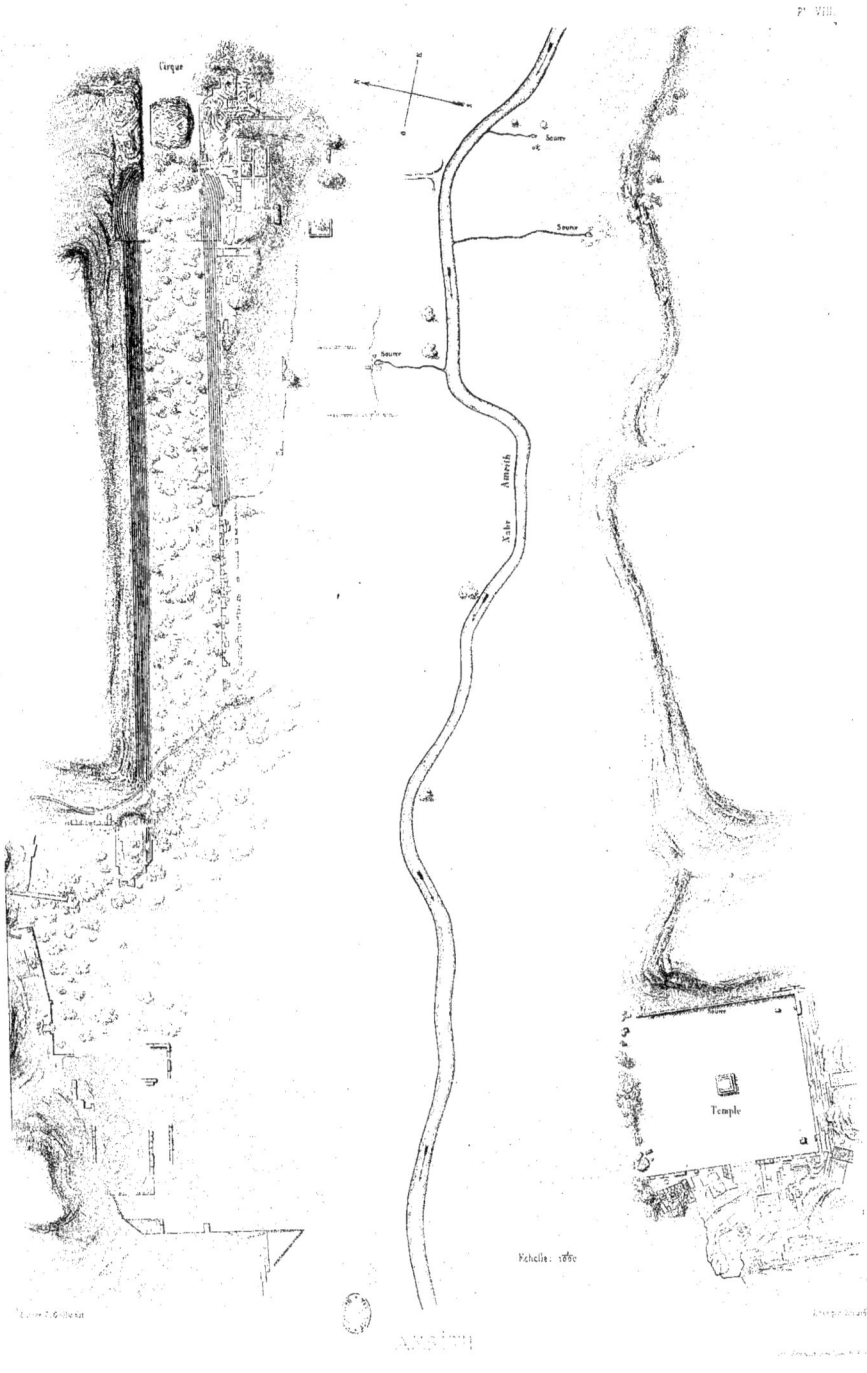

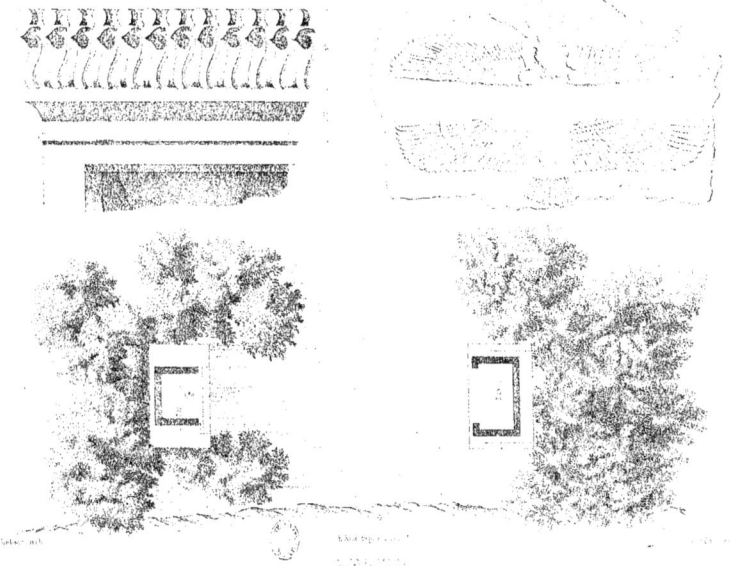

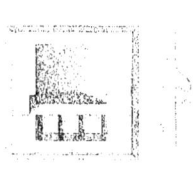

AMRITH

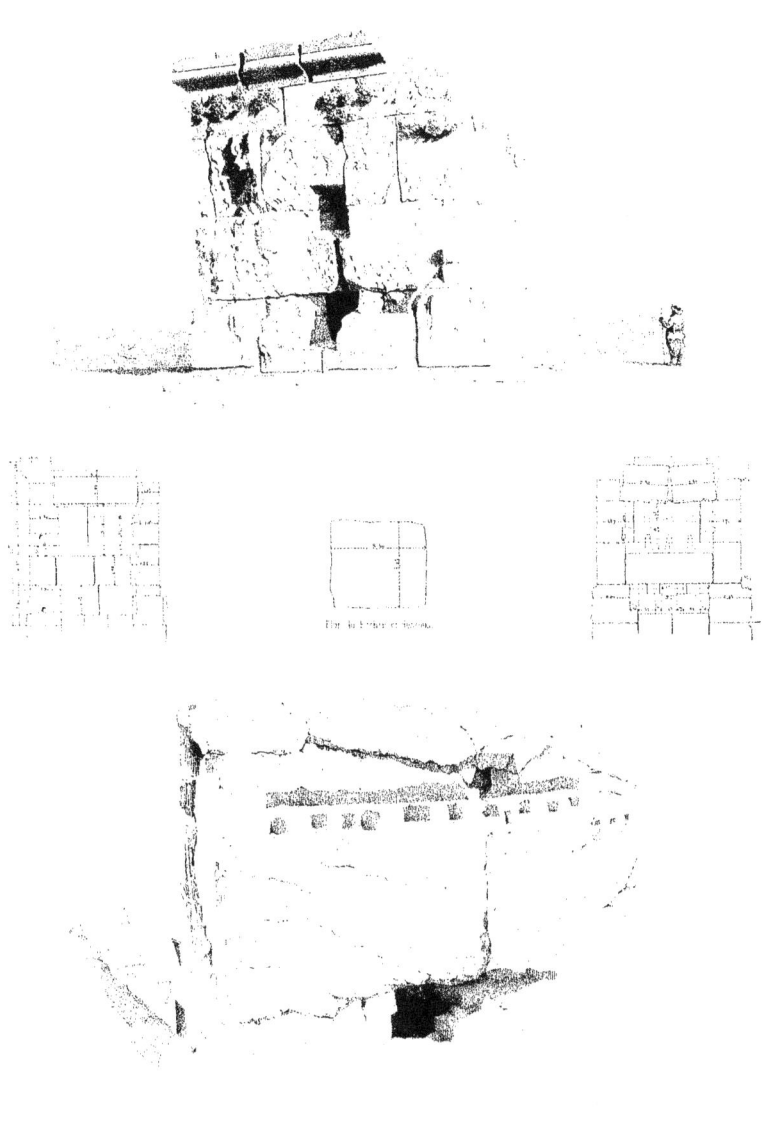

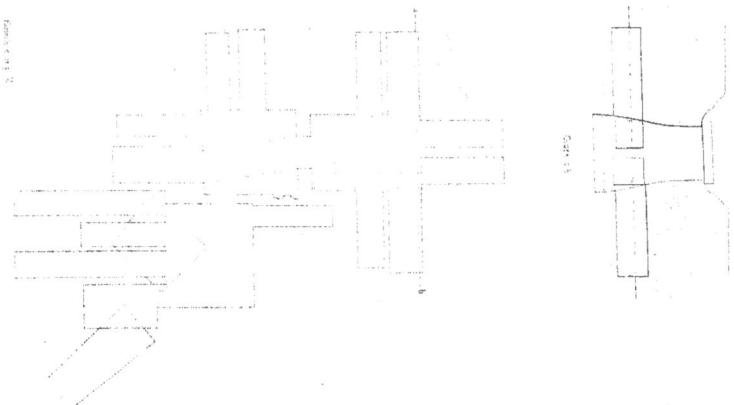

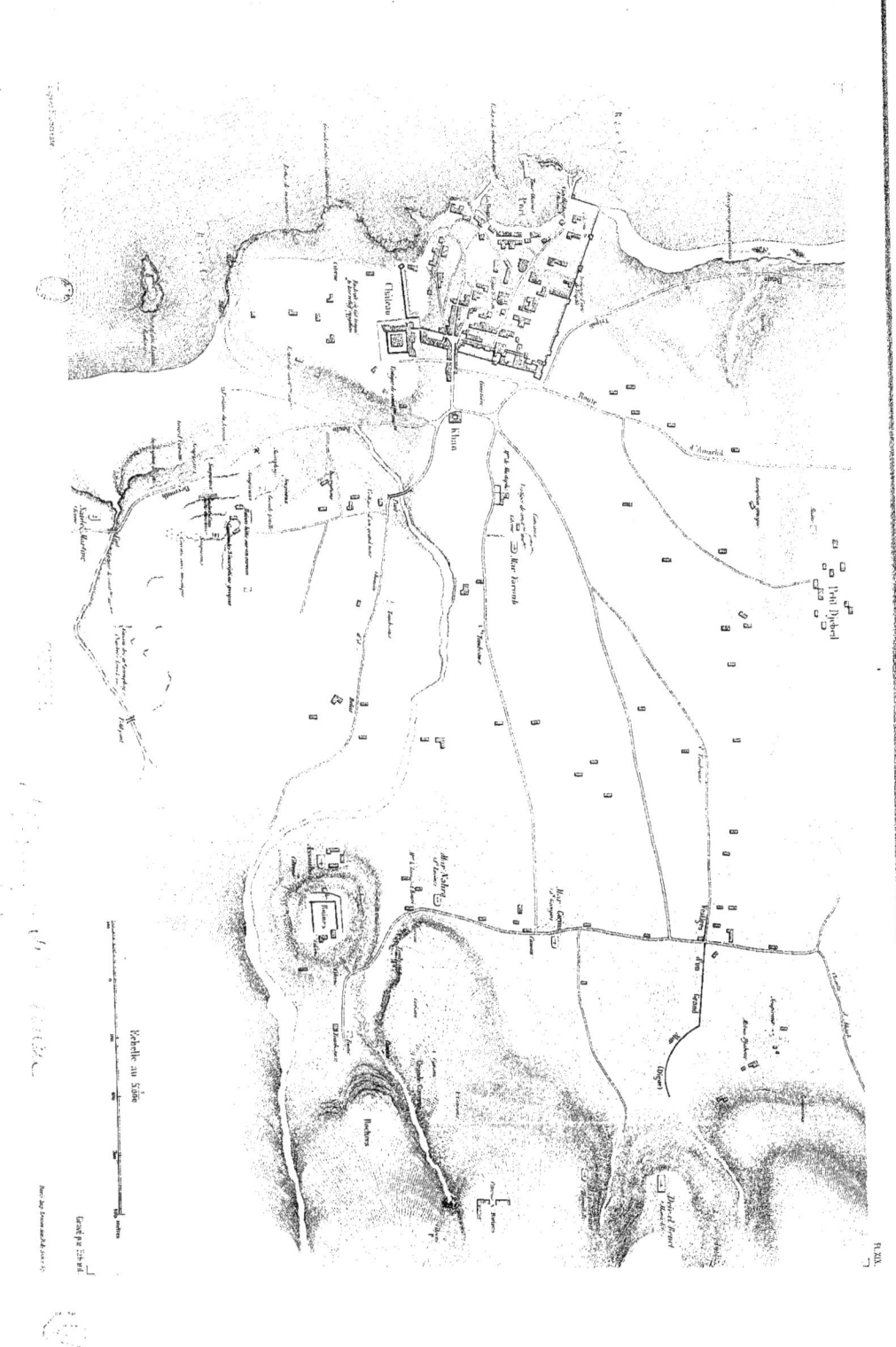

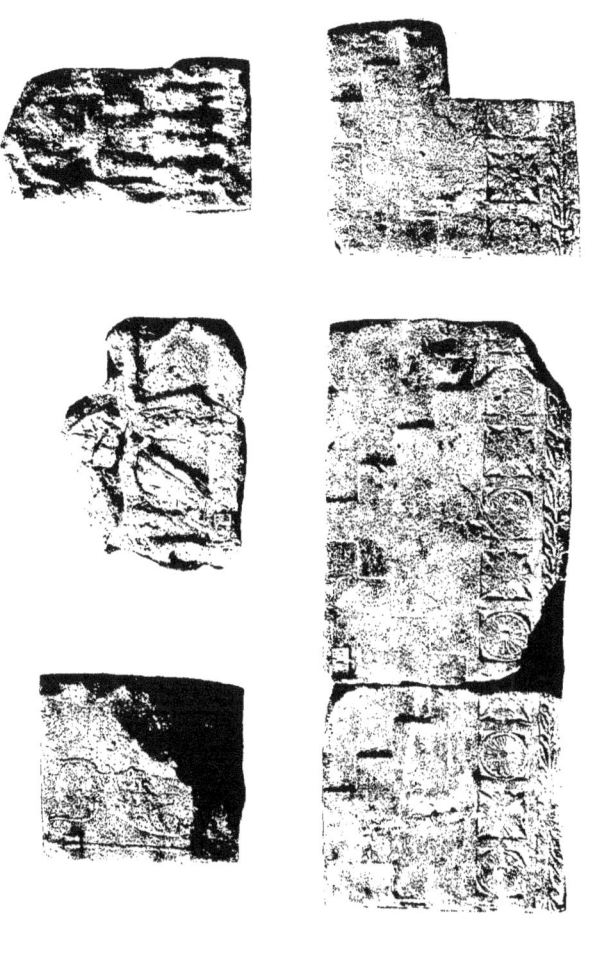

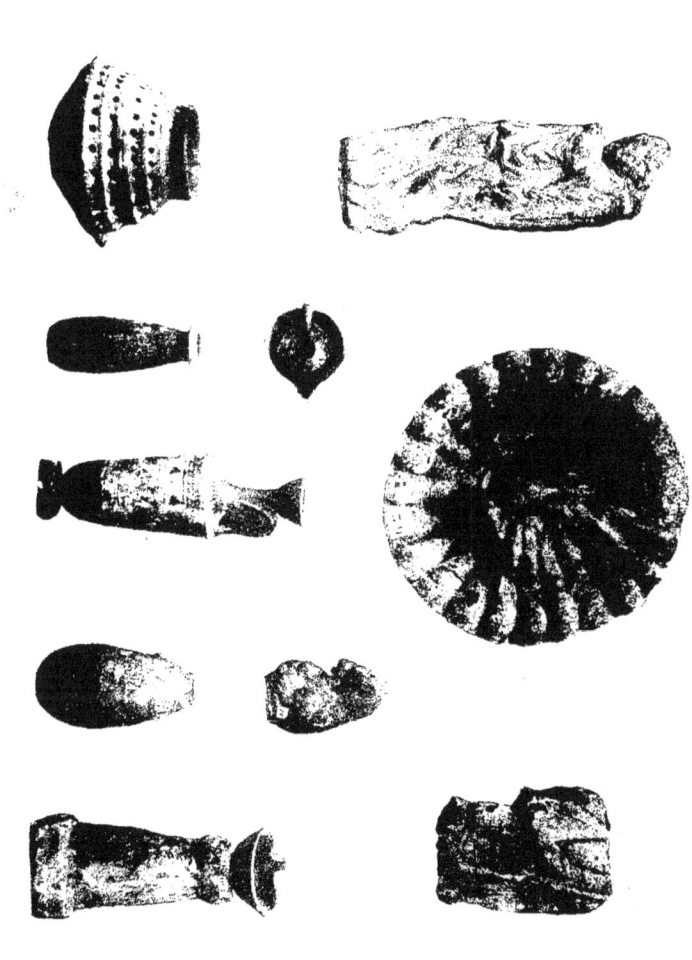

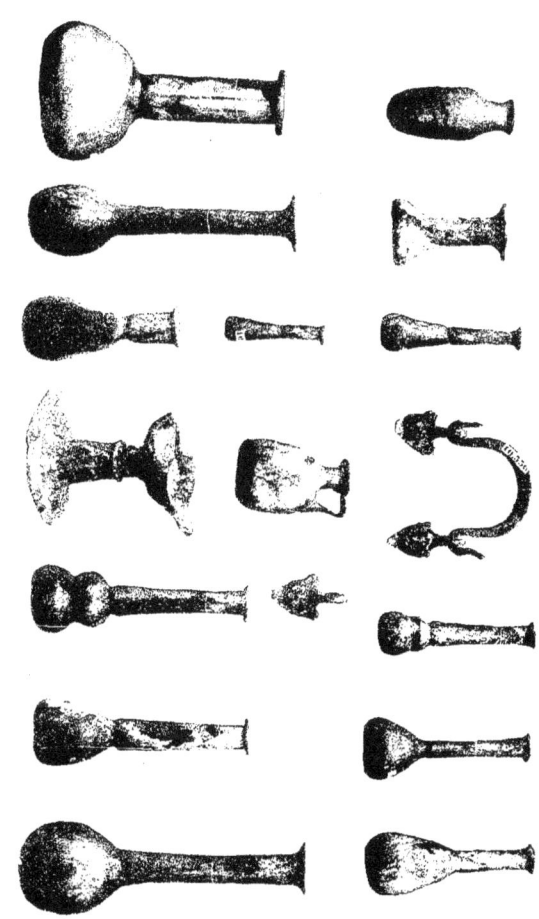

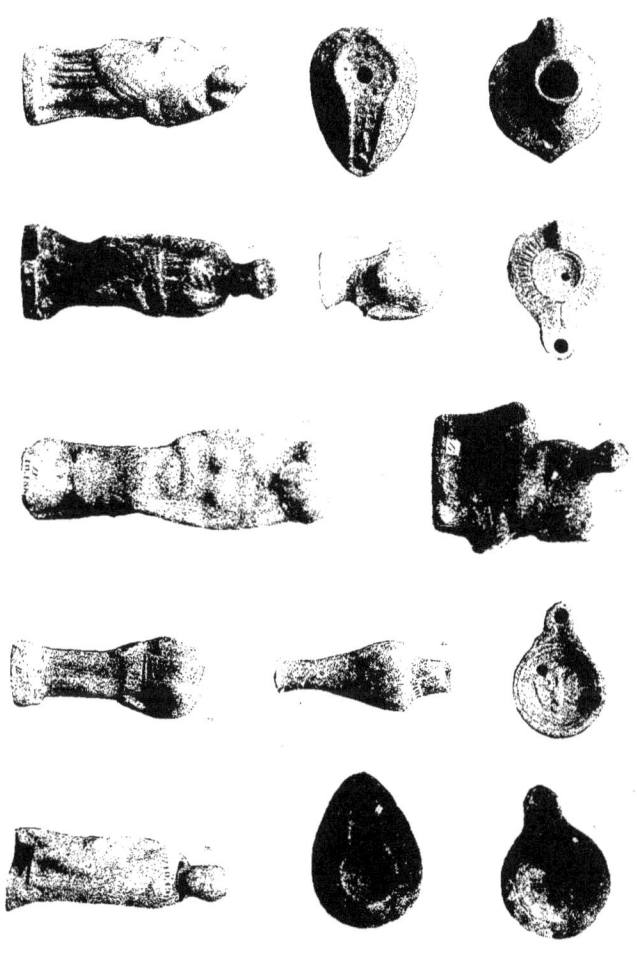

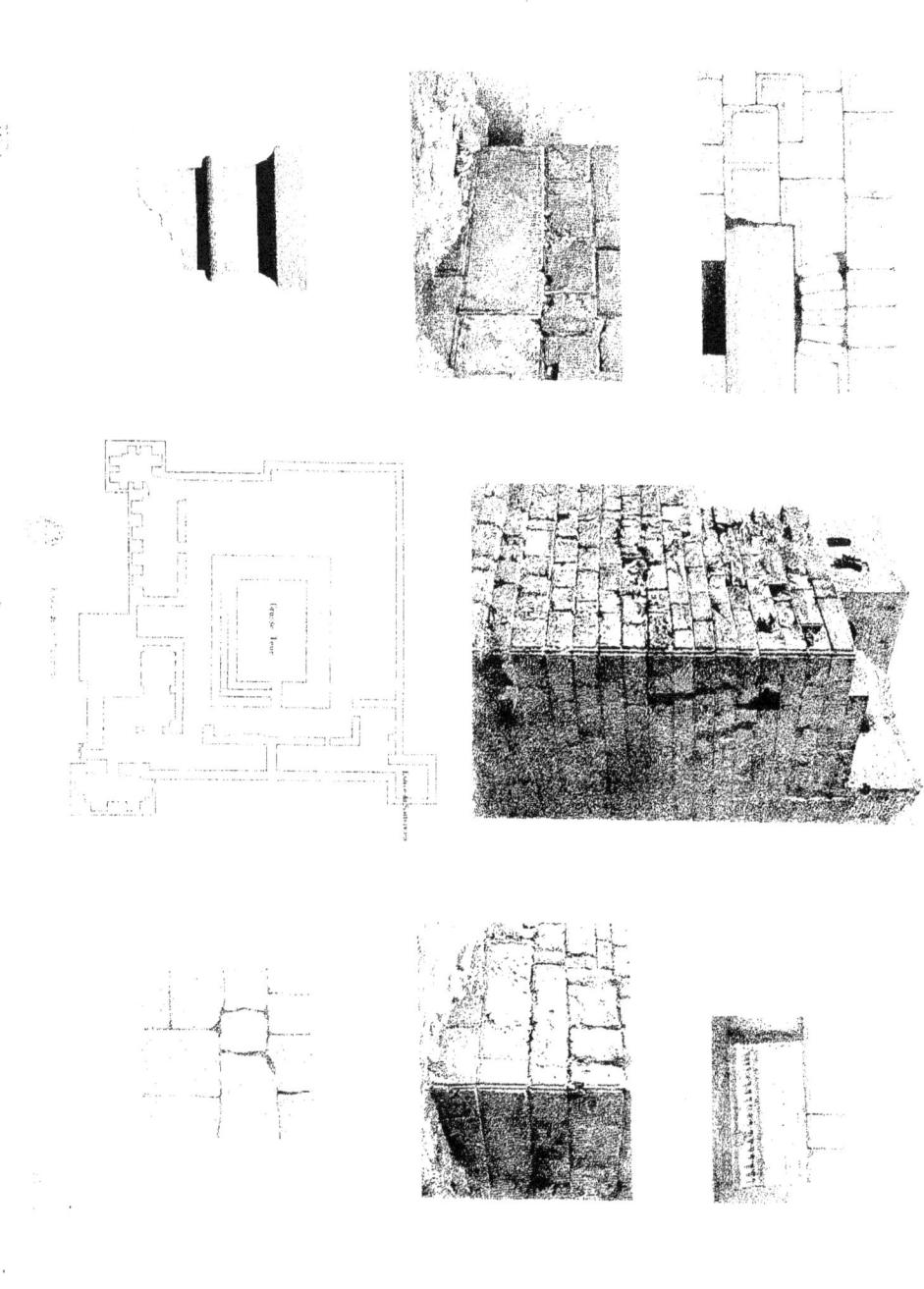

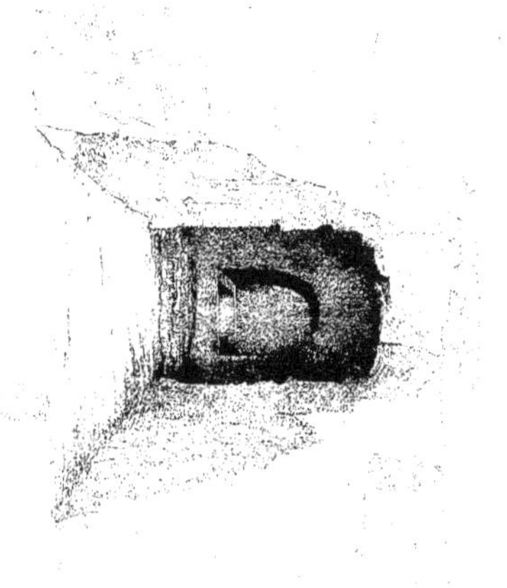

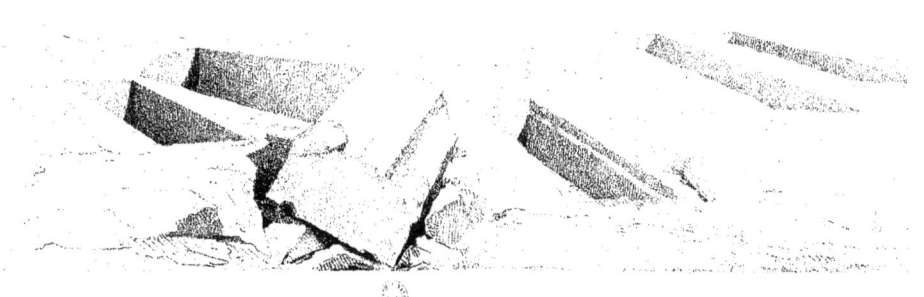

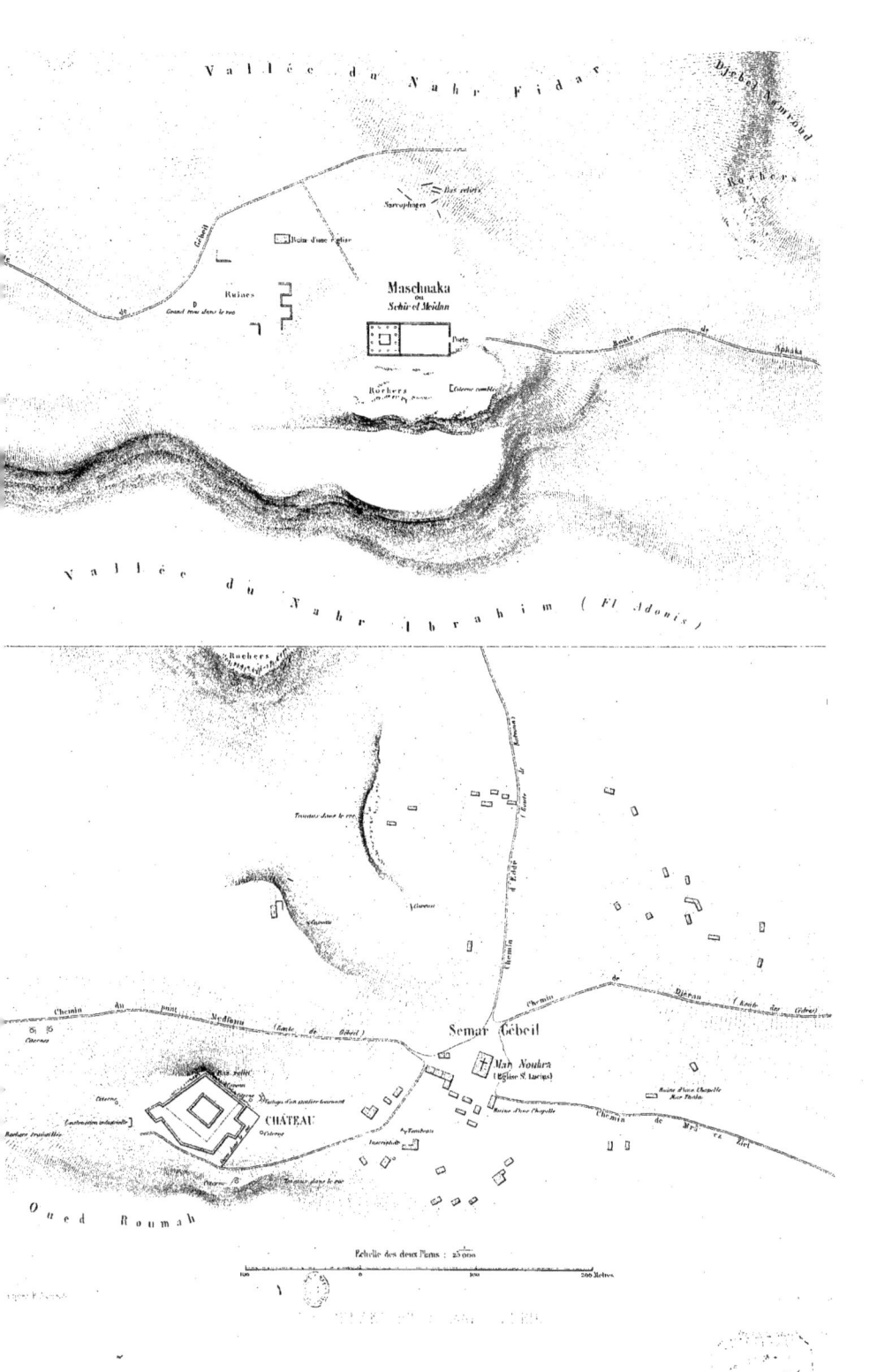

PL. XXXIV

MARCINANA

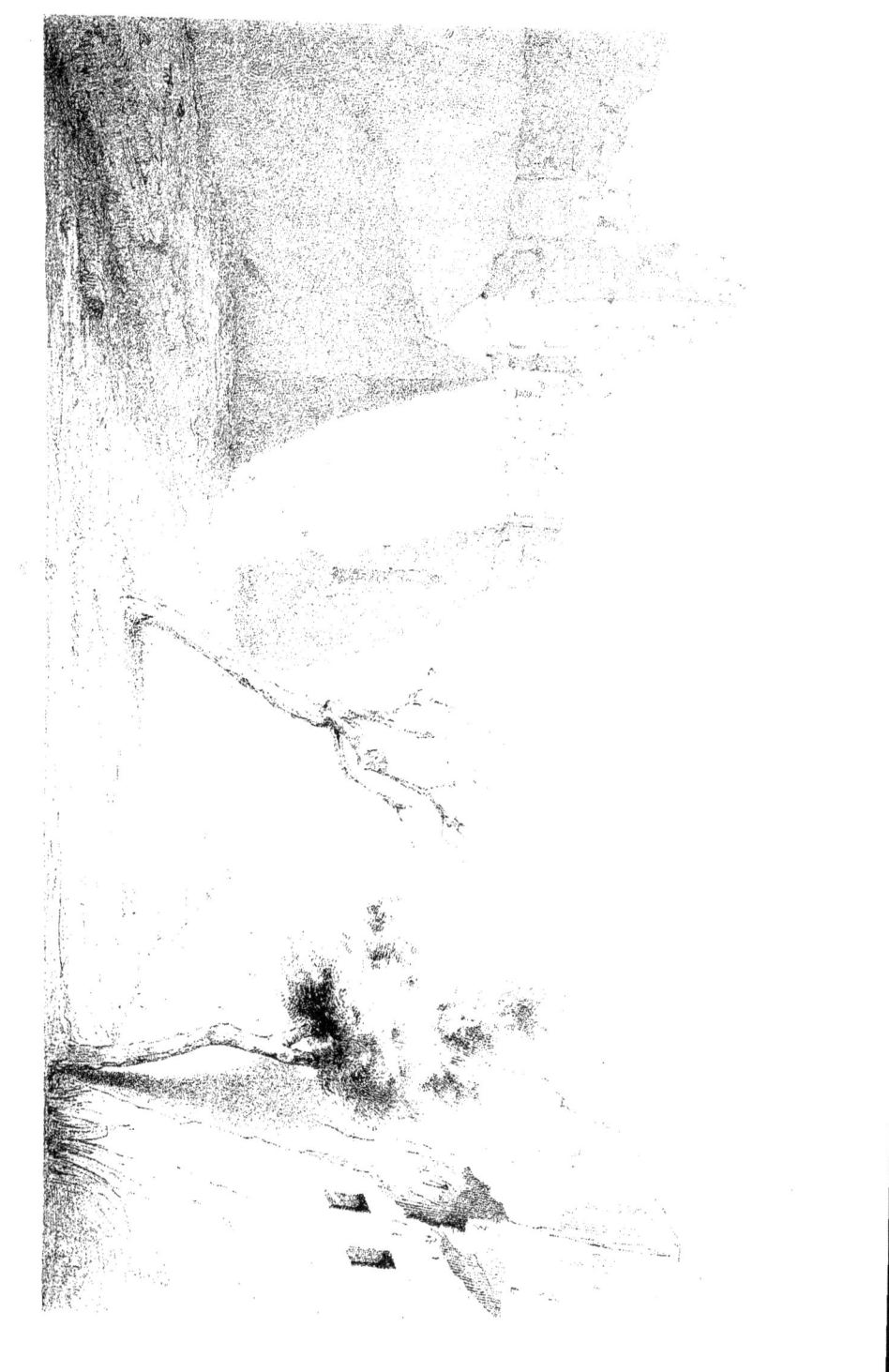

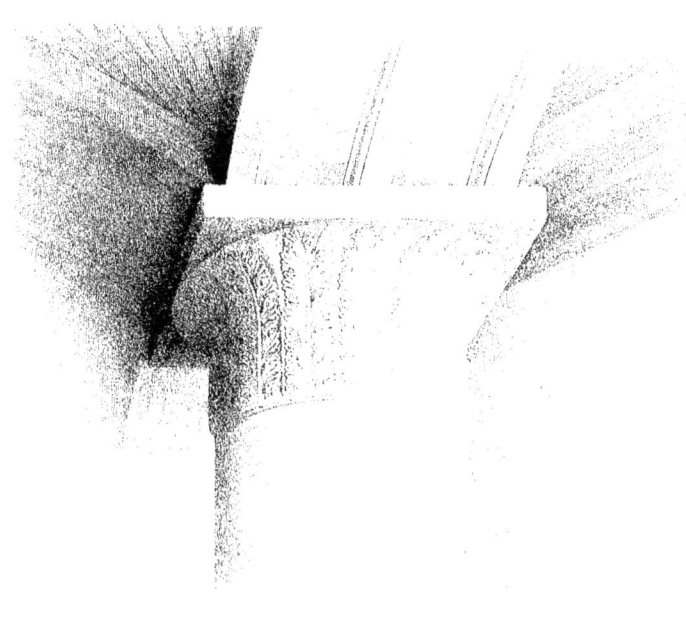

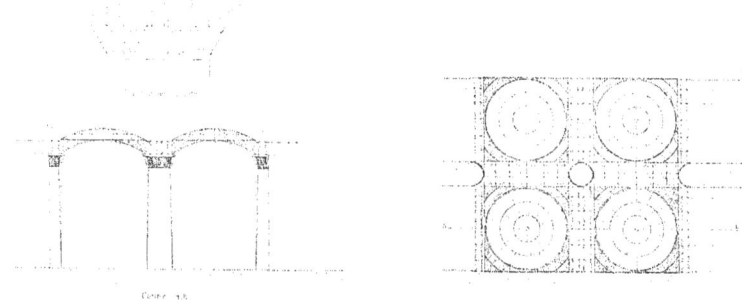

JÉRUSALEM

Fig. 1.

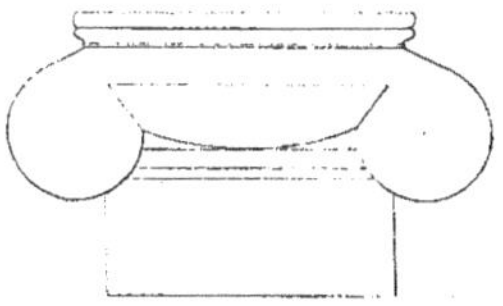

Fig. 2.

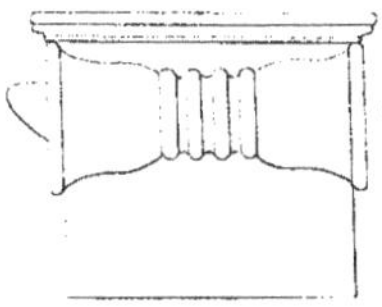

Chapiteau en pierre calcaire placé aujourd'hui près du bassin de la mosquée Djamm el-Kheliyaïa.
(Fig. 1 et 2.)

Fig. 5.

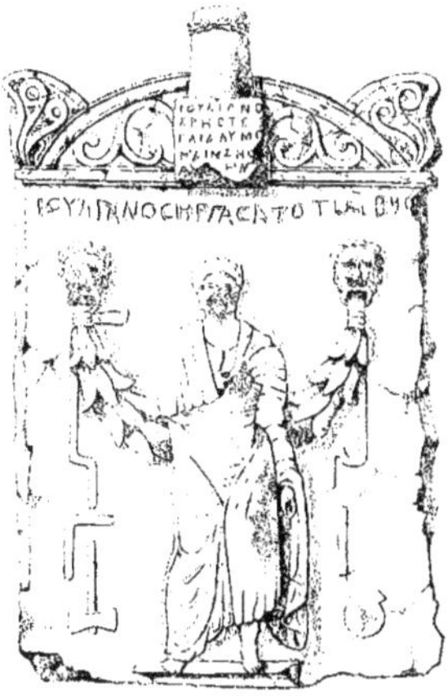

Fig. 3.

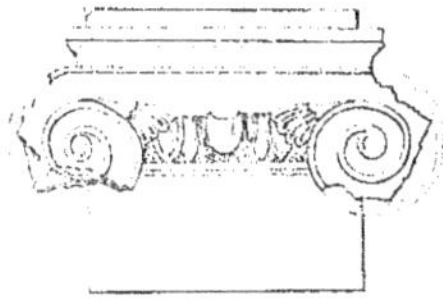

Fig. 4.

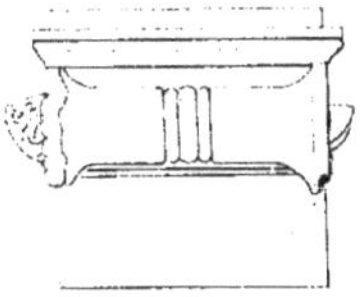

Chapiteau ionique [illegible] trouvé au sommet de la montagne de Mar-Elias [illegible] Saïda.
(Fig. 3 et 4.)

Echelle commune des 5 premières figures.

Fig. 6.

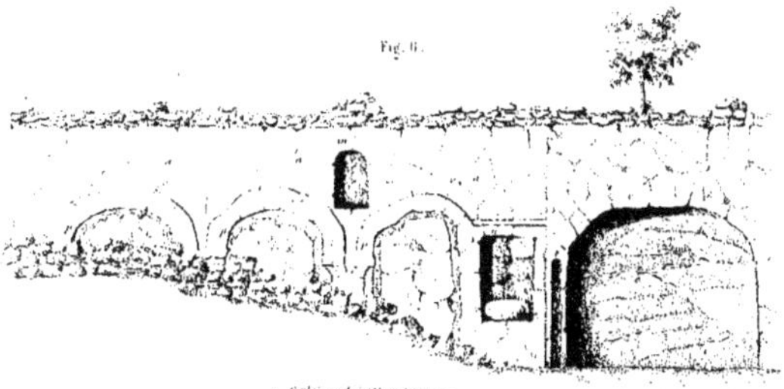

a Couloir conduisant au caveau *c*,
m,n Niche creusée dans la paroi de *a*,
p Pierre indiquée dans cette paroi,
t Caveau ;
v Rainure dans laquelle était engagée la porte grossièrement sculptée. Fig. 5.

Echelle de 0,02 pour 1m.

Fig. 7.

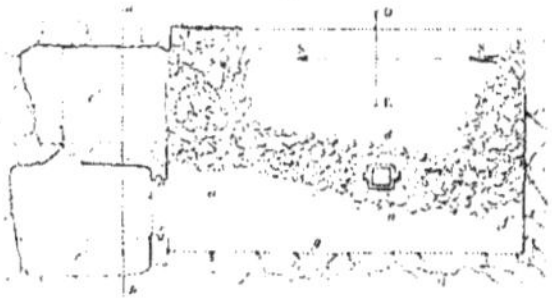

Fig. 8.

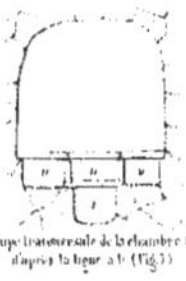

Coupe transversale de la chambre C, d'après la ligne a b (Fig. 7.)

Fig. 7. Coupe de la chambre c.

a Couloir ;
c c' 2 chambres communiquant entre elles par la porte *s* taillée obliquement ;
t Fosse la plus profonde ;
v v v 3 fosses creusées dans le roc ;
r r Rainures de la porte ;
f Roc taillé portant aussi des commencements de portes, comme la façade *g* du couloir *a*.
d [illegible] taillé dans le roc

Echelle de 0,01 pour 1 mètre, pour les figures 7 et 8.

Fig. 10.

Fig. 9.

Echelle de 2/14

Echelle de 2/10

Fig. 11.

Echelle de 2/15

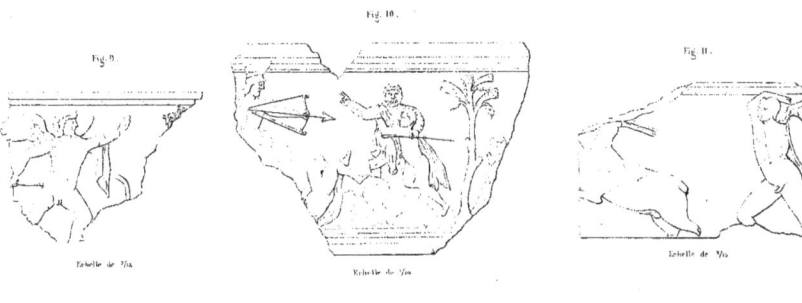

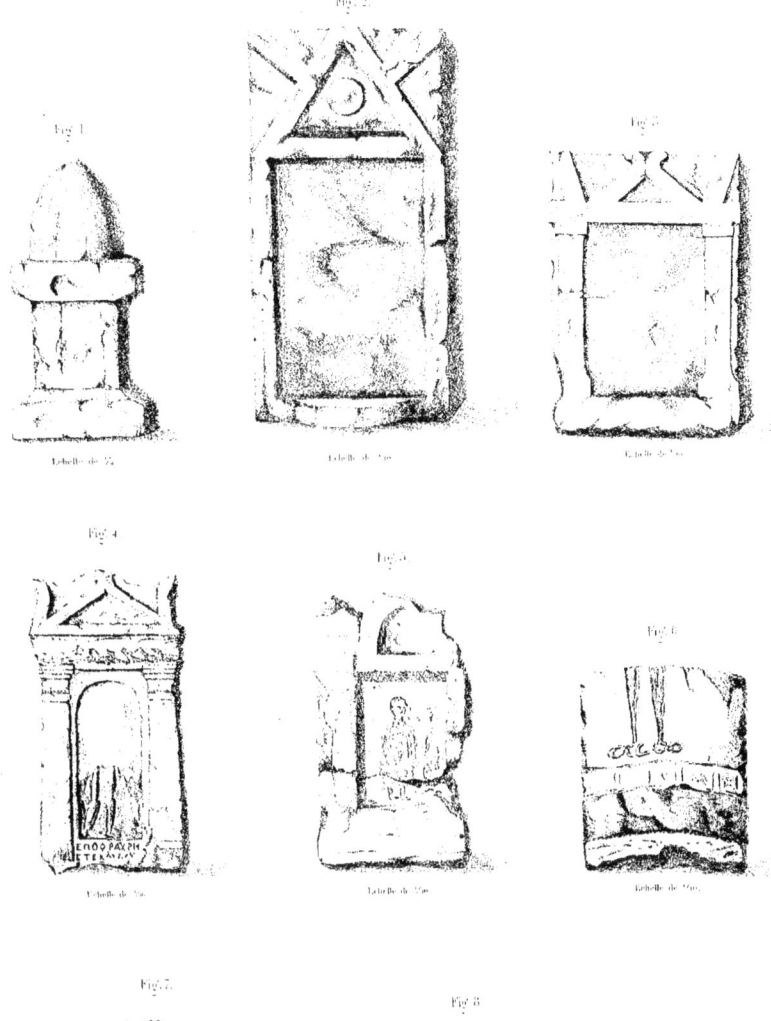

Nº 1

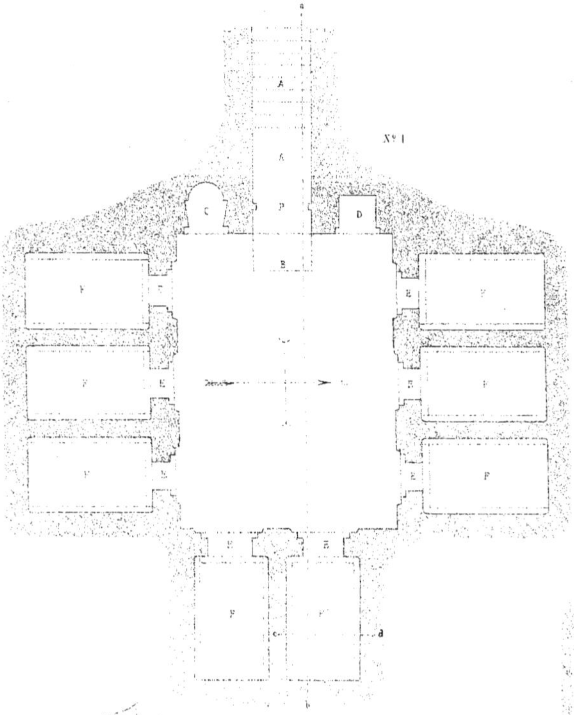

Nº 3

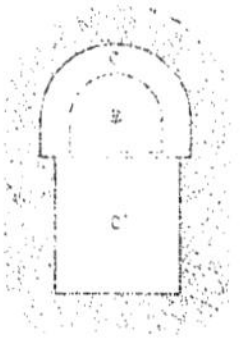

Nº 2

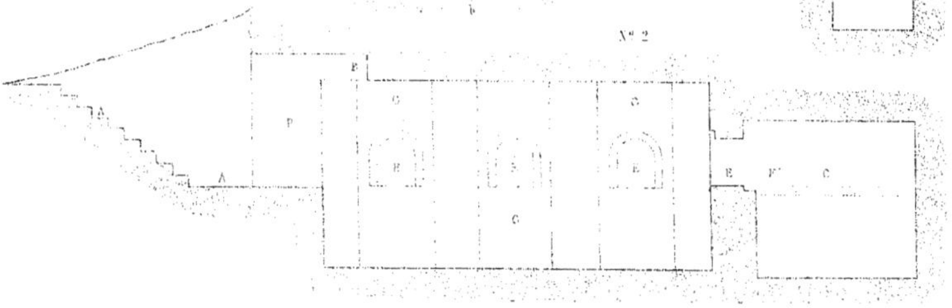

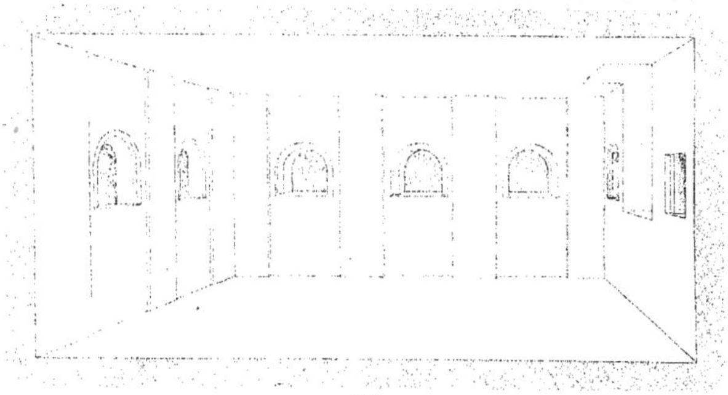

Nº 4

Échelle : 0,02 p. M.

d'après C. Gaillardot.

SAÏDA

Gravé par Richard.

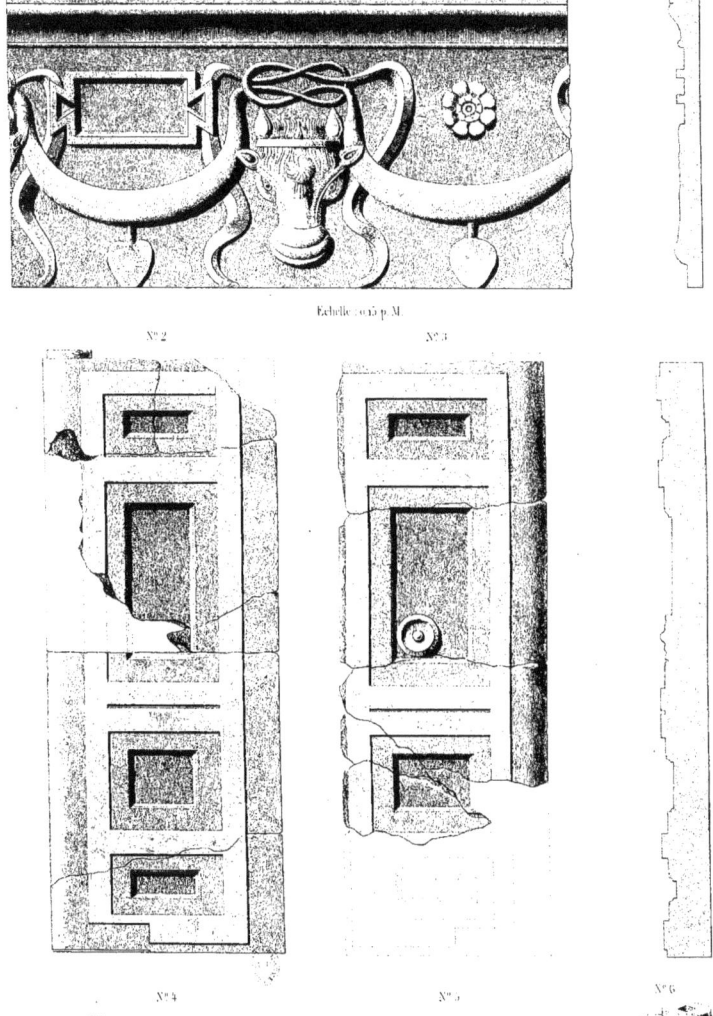

N° 1   Fragment de Sarcophage en marbre blanc, formant la partie postérieure d'une dalle. (Musée de Joniodes.)
N° 2 et 3   Porte à deux battants en calcaire blanc crayeux.
N° 4   Partie inférieure du battant N° 2. Le pivot, sur lequel la porte devait rouler, a été effacé à coups de marteau.
N° 5   Partie supérieure du battant N° 3. Le pivot cylindrique percé d'un trou pyramidal de 0,20 de profondeur ne présente aucune trace d'usure, de même que celui du battant N° 2, ce qui fait croire que la porte n'a jamais servi.
N° 6   Pivot du battant N° 4, avec son trou pyramidal.

SAÏDA

PL. XLVI

SAÏDA

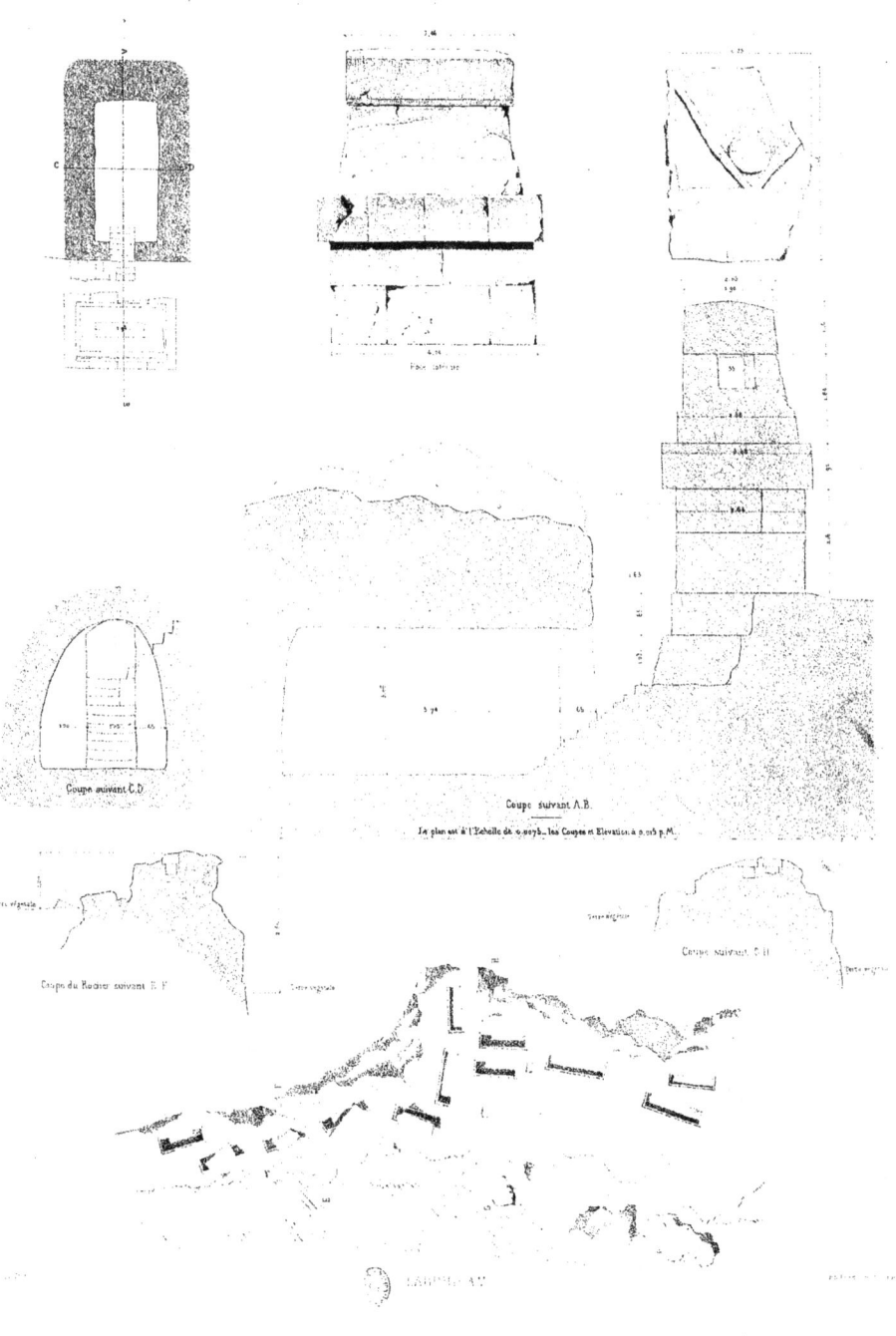

OUM EL-AOUAMID

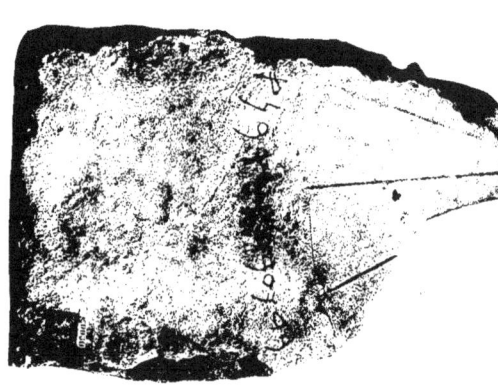

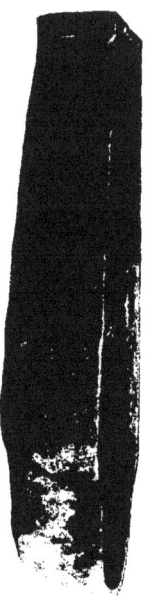

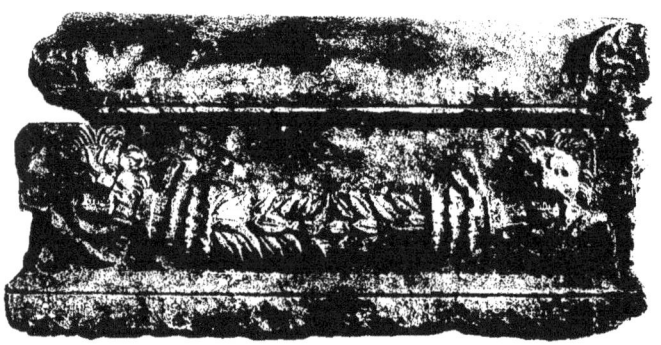

PLAN SOUTERRAIN
DE LA
NÉCROPOLE DE SIDON
(SAIDA)

Levé par le Dr GAILLARDOT

1864

NÉCROPOLE DE SIDON (Coupes)

Coupes des Caveaux I et II.

Fig. 1ʳᵉ

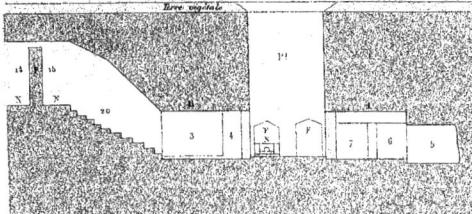

Fig. 2ᵉ

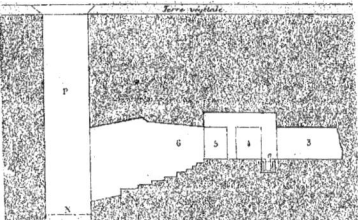

Fig. 1ʳᵉ Coupe des caveaux I et II d'après la ligne *a b* du plan.

Coupe du caveau I d'après la ligne *c d*.

Coupes du Caveau III.

Fig. 1ʳᵉ

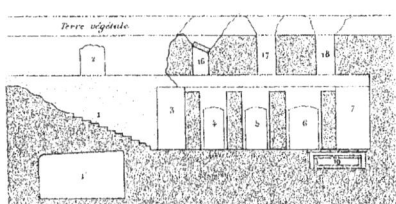

Fig. 2ᵉ

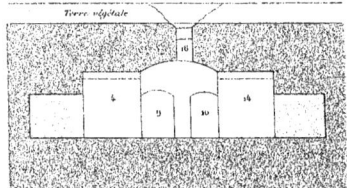

Fig. 1ʳᵉ Coupe suivant la ligne *a b*.

Fig. 2ᵉ Coupe suivant la ligne *c d*.

Caveau IV.
Coupe suivant la ligne *g h*.

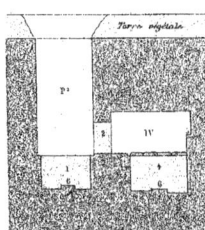

Coupes du caveau V.

Fig. 1ʳᵉ Coupe suivant *e f*.   Fig. 2 Coupe suivant *a b*.   Fig. 3ᵉ Coupe suivant *c d*.

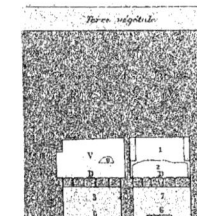 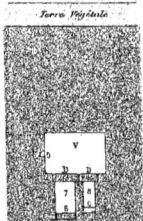

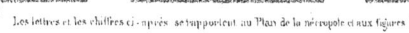

L'Échelle de toutes ces Coupes est de 0.005 par Mètre.

NÉCROPOLE DE SIDON (Coupes)

TOMBEAU D'ESCHMOUNÉZER ET MAGHARAT-ABLOUNE, XXXIII et XXXIV

Même échelle que celle du plan de la Nécropole, 0ᵐ,005 par mètre

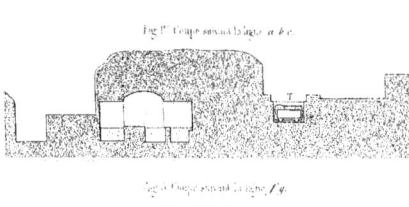

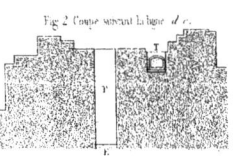

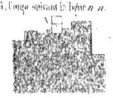

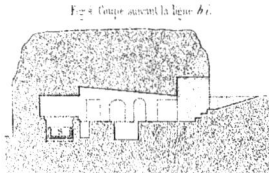

XXI Caveaux A et B

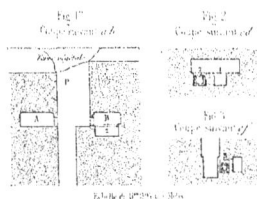

Caveaux XI et XII

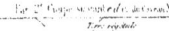

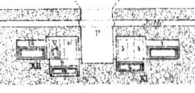

Caveaux VI, VII et VIII

Caveaux VI et VII

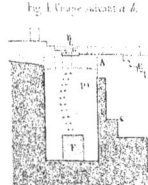

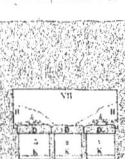

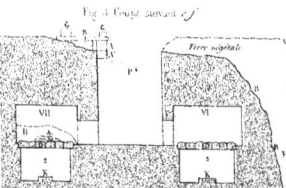

Caveau VIII

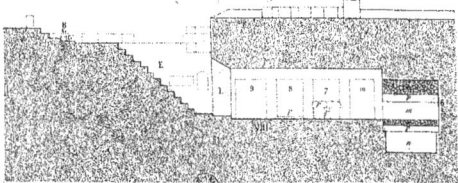

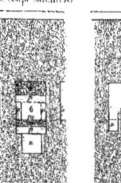

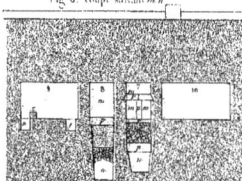

L'échelle des Coupes des caveaux VI, VII, VIII est de 0ᵐ,008 par Mètre

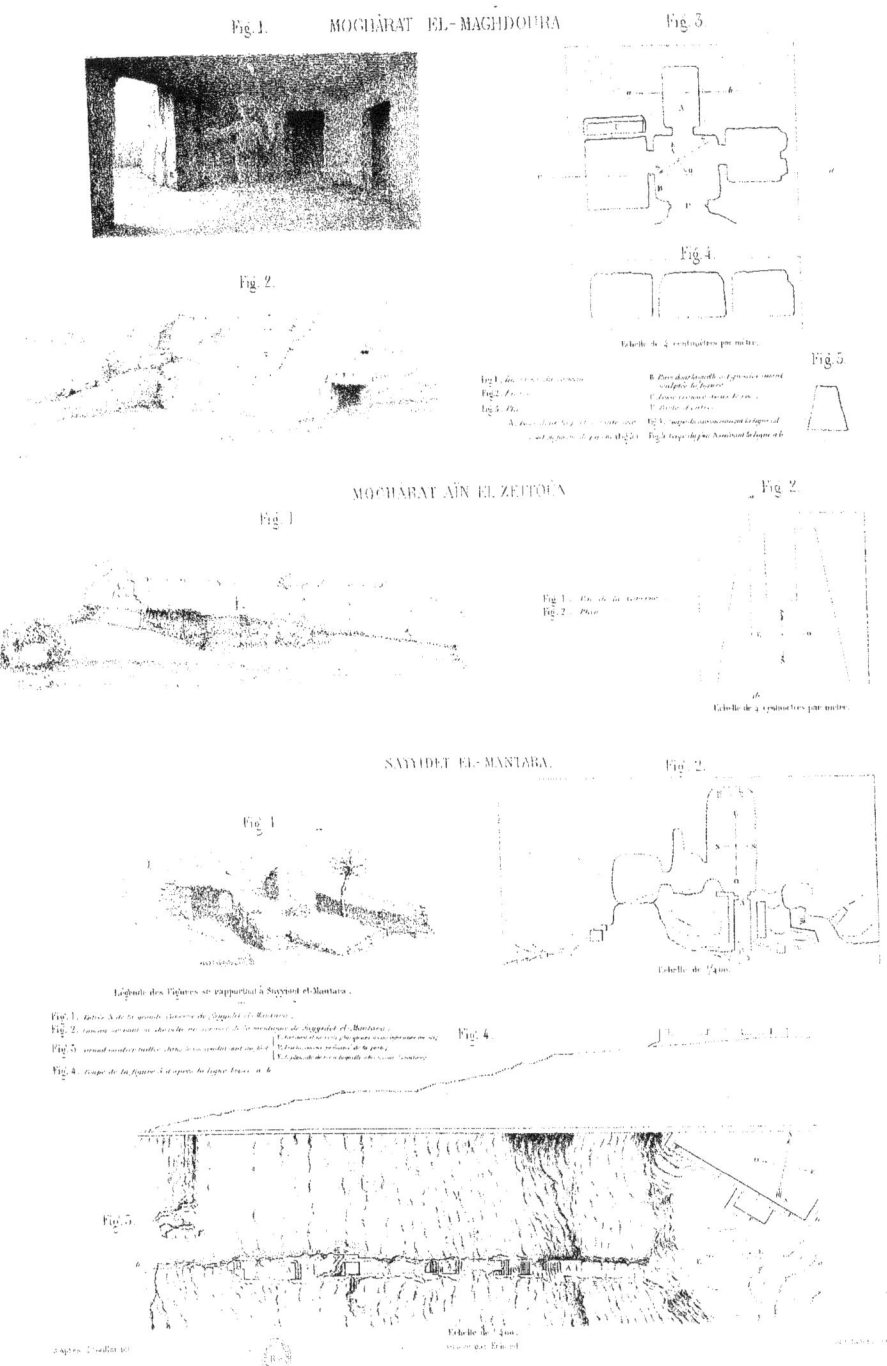

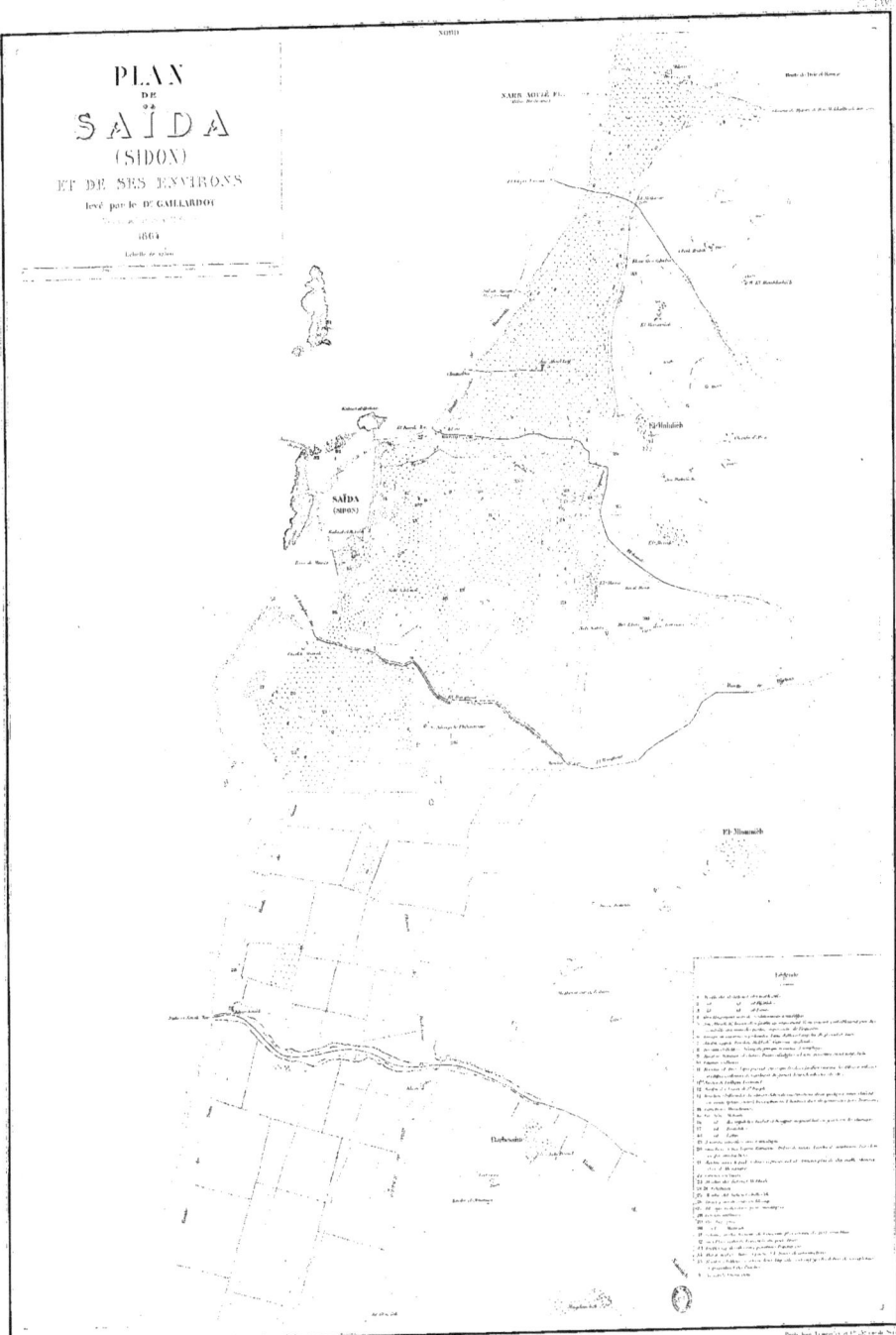

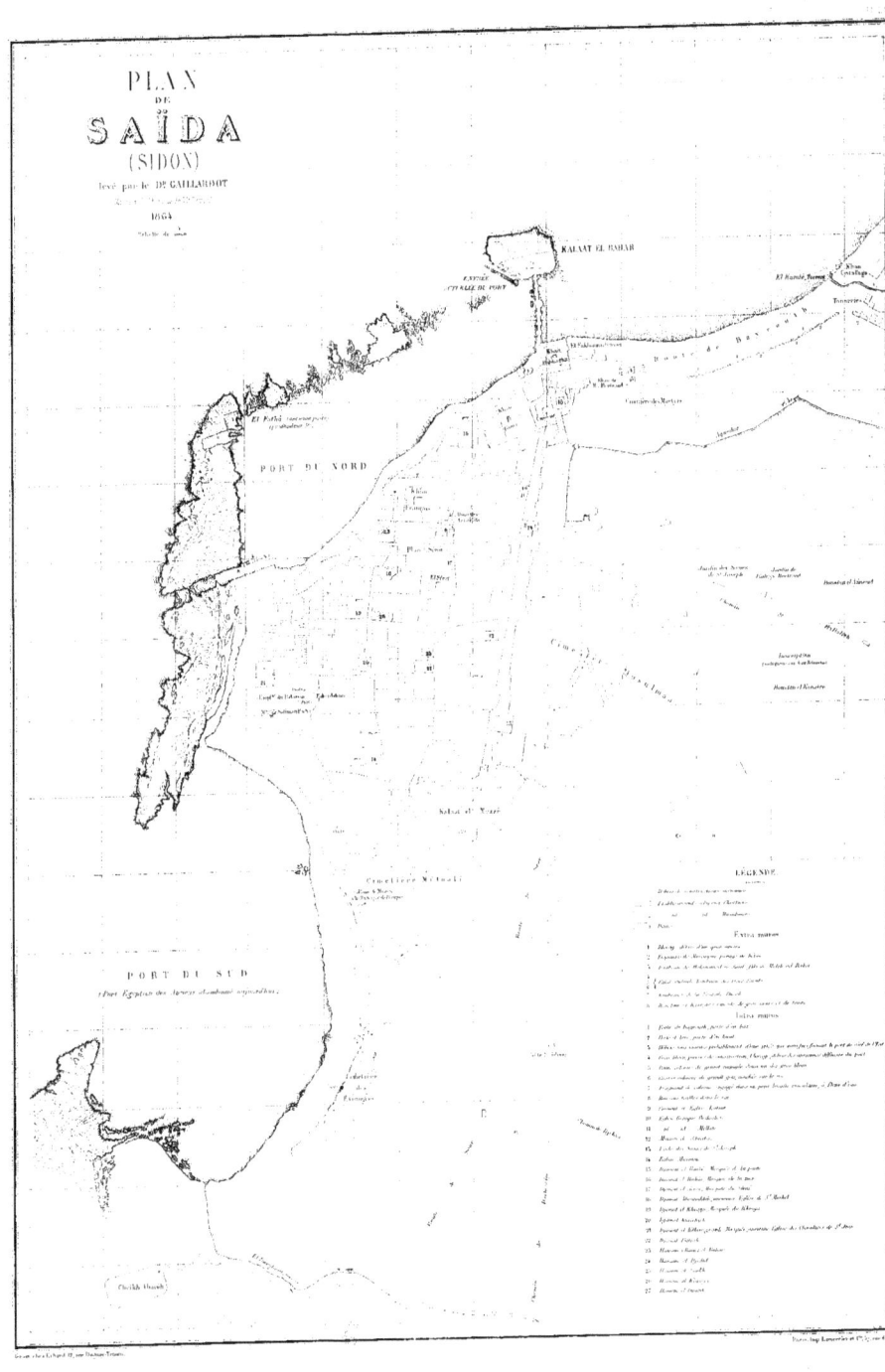

SAIDA.

Fig 1. MUR PHÉNICIEN, ANGLE SUD-OUEST DU PORT, FACE OUEST, ANCIENNE PASSE.

Fig. 2. COUPE DU MUR AU DESSOUS DE LA COLONNE.

Fig. 3. MUR PHÉNICIEN, ANGLE SUD-OUEST DU PORT, FACE SUD.

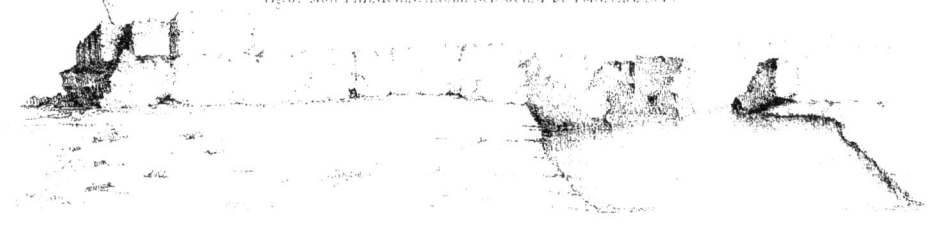

Fig 4. ROCHER TAILLÉ DANS L'ILOT, PORTE ET NICHES TAILLÉES DANS LE ROC.

Fig. 5. ROCHER TAILLÉ, TRACES DE CONSTRUCTIONS DANS L'ILOT SITUÉ AU NORD DE LA VILLE.

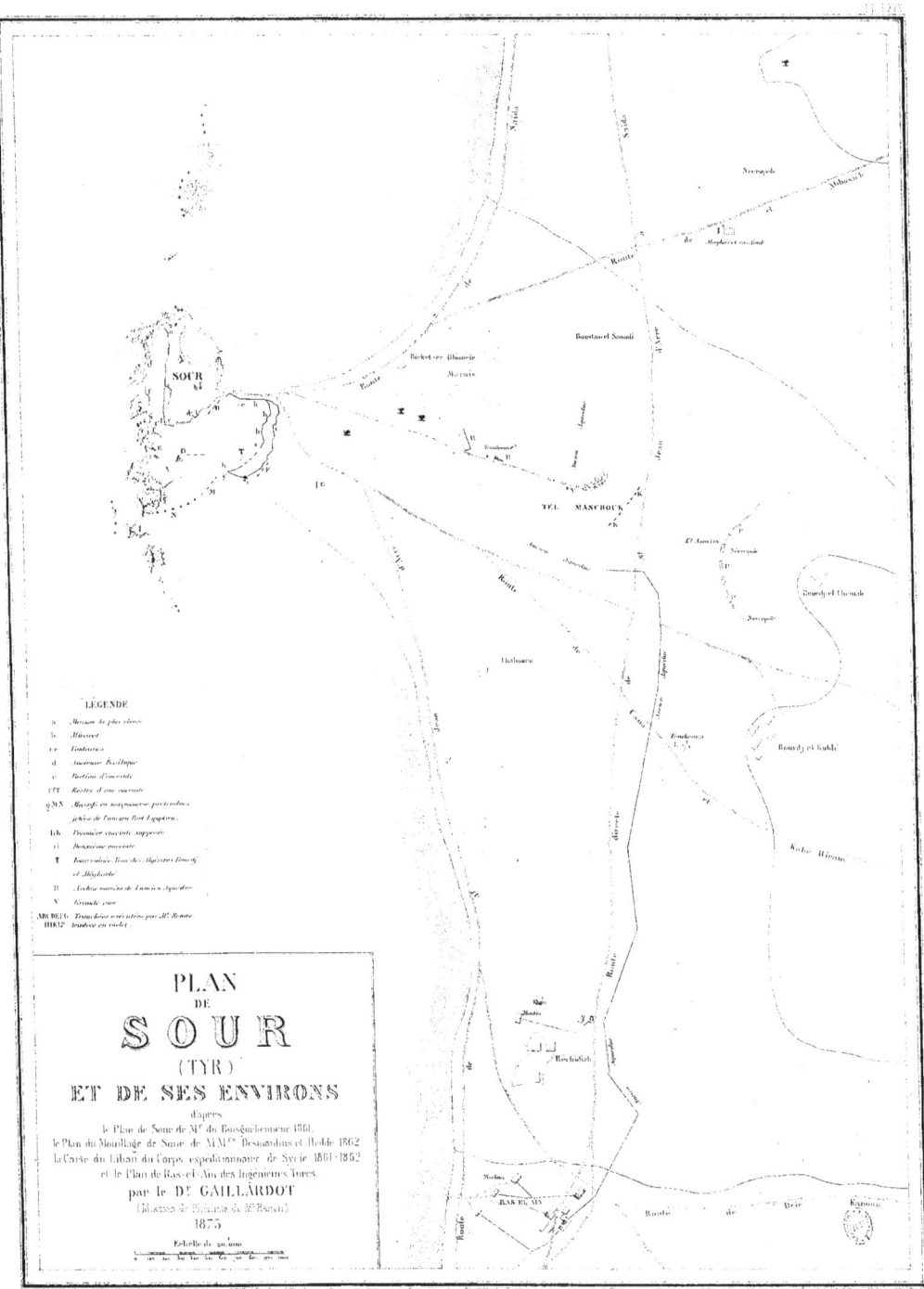

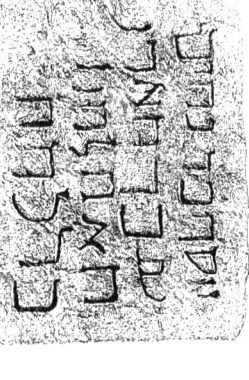

www.ingramcontent.com/pod-product-compliance
Lightning Source LLC
Chambersburg PA
CBHW060142100426

42744CB00007B/872